W0380567

Elisabeth Stiefel

MEIN HERR KÄTHE

Elisabeth Stiefel

Mein Herr Käthe

Katharina von Boras Leben an der Seite Luthers

francke

Über die Autorin:
Elisabeth Stiefel, Jg. 1958, ist verheiratet und hat vier Kinder. Neben ihrem Job als Hausfrau und Mutter engagiert sie sich seit vielen Jahren in der kirchlichen Frauenarbeit. Sie lebt mit ihrer Familie in Dettingen.

Bibliografische Information der Deutschen Nationalbibliothek
Die Deutsche Nationalbibliothek verzeichnet diese Publikation in der Deutschen Nationalbibliografie; detaillierte bibliografische Daten sind im Internet über http://dnb.dnb.de abrufbar.

2. Auflage 2017
ISBN 978-3-86827-037-2
Alle Rechte vorbehalten
© 2008 by Verlag der Francke-Buchhandlung GmbH
35037 Marburg an der Lahn
© Bilder auf S. 36 + 37 by
Wartburg-Stiftung Eisenach, Martin Luther Inv. Nr. M65,
Katharina Luther Inv. Nr. 64
© übrige Bilder 2007 by Werner Stiefel
Umschlaggestaltung: Verlag der Francke-Buchhandlung GmbH
Satz: Verlag der Francke-Buchhandlung GmbH
Druck und Bindung: CPI books GmbH, Leck

www.francke-buch.de

Katharina von Bora – Käthe Luther – die Lutherin

Katharina von Bora, Käthe Luther, die Lutherin, Morgenstern von Wittenberg – alle diese Namen beziehen sich auf ein- und dieselbe Person: die Ehefrau des Reformators Martin Luther. So unterschiedlich die ihr gegebenen Namen waren, so facettenreich war auch ihr Leben. Sie war und ist bis heute bekannt als entlaufene Nonne, engagierte Mutter, kritische Pfarrfrau, umsichtige Hausfrau, großzügige Gastgeberin, kluge Professorenfrau, erfolgreiche Leiterin eines landwirtschaftlichen Betriebes. Oft war ihr Leben aber auch einsam, voller Sorgen oder von tiefer Trauer geprägt – beispielsweise wenn Martin Luther sich auf seinen langen Reisen befand, wenn er krank oder wieder einmal depressiv war, oder wenn sie am Grab ihrer Kinder stand, von denen zwei bereits in jungen Jahren verstarben. Leider sind von Katharina von Bora selbst nur sehr wenige Texte erhalten. Die meisten ihrer Briefe sind verloren gegangen. Doch umso mehr Schriftstücke ihres Ehemannes Martin Luther haben die Zeit überdauert, in denen er sich auch über seine Käthe äußerte, oder die direkt an seine „liebe Hausfrau“ oder auch an seine „Herr Käthe“, wie er sie oft scherzhaft nannte, gerichtet waren. So helfen uns viele der Texte Martin Luthers dabei, uns ein Bild vom Leben und von der Persönlichkeit dieser beeindruckenden Frau zu machen.

Katharina Luther
Skulptur im Garten des Lutherhauses

Katharina von Bora wurde wahrscheinlich am 29. Januar 1499 auf dem Rittergut Lippendorf in der Nähe von Leipzig geboren. Trotz adliger Vorfahren waren die Eltern allem Anschein nach nicht sehr begütert. Schon bald nach der Geburt verlor das Mädchen seine Mutter. So kam Katharina vermutlich bereits 1504, mit fünf Jahren, in die Klosterschule der Benediktinerinnen nach Brehna bei Halle. Ein Vorgang, der in der damaligen Zeit nicht außergewöhnlich war. Es war durchaus üblich, Mädchen, für die ihre Familien nicht sorgen konnten oder wollten, bereits als Kinder in Klöstern unterzubringen.

1505 heiratete Katharinas Vater erneut. Nun war für das kleine Mädchen endgültig kein Platz mehr in der Familie. Daher wurde sie um 1508 ins Zisterzienserkloster Marienthron nach Nimbschen gebracht, wo sie auf ein Leben als Nonne vorbereitet wurde. Auf diese Weise erlebte sie schon früh, was Abschied, Alleinsein und Einsamkeit bedeuten. Ob ihr wohl das Abendgebet aus Psalm 4 Trost gespendet hat?

Klosterkirche Brehna

Aus Psalm 4

Erhöre mich, Herr, wenn ich rufe,
Gott meiner Gerechtigkeit,
der du mich tröstest in Angst;
sei mir gnädig und erhöre mein Gebet.
Erkennet doch, dass der Herr seine
Heiligen wunderbar führt;
der Herr hört, wenn ich ihn anrufe.
Viele sagen: „Wer wird uns Gutes sehen lassen?“
Herr, lass leuchten über uns
das Licht deines Antlitzes!
Du erfreust mein Herz,
ob jene auch viel Wein und Korn haben.
Ich liege und schlafe ganz in Frieden;
denn allein du, Herr, hilfst mir,
dass ich sicher wohne.

Kloster Marienthron

In Nimbschen genoss Katharina eine gute Erziehung und Ausbildung. Sie lernte Lesen, Schreiben, Singen und Latein und eignete sich auch im Bereich der Haushaltsführung, Krankenpflege und Heilkräuterkunde umfassende Kenntnisse an. Ihre Freizeit verbrachten die Klosterschülerinnen mit Beten, Sticken und Gartenarbeit. Alles in ihrem Leben war streng durchstrukturiert und genau geregelt. Dennoch bedeutete das Kloster für die Mädchen Heimat, da sie keine andere mehr hatten. Unter den Klosterschülerinnen entstanden enge Freundschaften, ersetzten sie einander doch die Familien, welche die Mädchen allzu früh hatten verlassen müssen.

Martin Luther sah die Praxis, Kinder im Kloster unterzubringen und somit ihren Lebensweg schon in frühen Jahren vorherzubestimmen, sehr kritisch. In einem seiner Briefe schrieb er einmal: „Wie viel meinst du, dass Nonnen in Klöstern sind, die fröhlich und mit Lust ungezwungen ihren Gottesdienst tun und Orden tragen? Unter tausend kaum eine. Was ist's, dass du solches Kind lässt also sein Leben und alle seine Werke verlieren?“

1514 begann das Noviziat von Katharina, und am 8. Oktober 1515 legte sie ihr Gelübde ab. Vom Kloster Marienthron in Nimbschen, das inzwischen Kloster Nimbschen genannt wird, stehen heute nur noch wenige Mauern.

Mauern

Mauern bieten Schutz.
Sie schützen vor Gefahren
und fremden Einflüssen.
Sie geben Geborgenheit.

Mauern grenzen ein.
Sie trennen –
die Menschen drinnen von denen draußen.
Mauern machen das Leben enger.
Mauern nehmen die Sicht.

Mit meinem Gott kann ich über Mauern springen.

Mauern
Kloster Nimbschen

Thesentür
Schlosskirche Wittenberg

1517 schlug Dr. Martin Luther seine 95 Thesen an die Schlosskirche von Wittenberg. Seine kritischen Gedanken fanden auch ihren Weg in die Klostermauern von Nimbschen.
Seligkeit nicht durch Entsagungen und gute Werke, sondern allein durch die Gnade Gottes – für die Nonnen ein revolutionärer Gedanke. Plötzlich wurde all das, was ihrem Leben Sinn gegeben und was sie geprägt hatte, infrage gestellt. Die Grundlagen, auf denen ihr Glaube und ihre Lebensweise basierten, gerieten ins Wanken. Antworten auf ihre Fragen und ihr Suchen nach dem rechten Weg konnte den Frauen im Kloster nur Gottes Wort geben.
Martin Luthers Choral über Psalm 130 ist eine Antwort auf dieses Suchen und Fragen:

Aus tiefer Not schrei ich zu dir,
Herr Gott, erhör mein Rufen.
Dein gnädig' Ohren kehr zu mir
und meiner Bitt sie öffne;
denn so du willst das sehen an,
was Sünd und Unrecht ist getan,
wer kann, Herr, vor dir bleiben?

Bei dir gilt nichts denn Gnad und Gunst,
die Sünde zu vergeben;
es ist doch unser Tun umsonst
auch in dem besten Leben.
Vor dir niemand sich rühmen kann,
des muss dich fürchten jedermann
und deiner Gnade leben.

Darum auf Gott will hoffen ich,
auf mein Verdienst nicht bauen;
auf ihn mein Herz soll lassen sich
und seiner Güte trauen,
die mir zusagt sein wertes Wort;
das ist mein Trost und treuer Hort,
des will ich allzeit harren.

Ob bei uns ist der Sünden viel,
bei Gott ist viel mehr Gnade;
sein Hand zu helfen hat kein Ziel,
wie groß auch sei der Schade.
Er ist allein der gute Hirt,
der Israel erlösen wird
aus seinen Sünden allen.

EG 299

Katharina sah für sich keine Zukunft mehr im Kloster. Luthers Schrift „Von der Freiheit eines Christenmenschen“ und seine kritischen Anfragen an das Klosterleben stellten ihr bisheriges Lebenskonzept vollkommen infrage und brachten sie immer mehr ins Grübeln. In einer seiner 95 Thesen hatte Martin Luther formuliert:

„Wir können uns nicht durch gute Werke
den Himmel verdienen,
auch nicht durch ein vorbildliches Leben
im Kloster.
Allein Jesus, Gottes Sohn,
bringt uns durch seinen Tod in den Himmel,
wenn wir ihn als unseren Herrn annehmen.“

Sie merkte, dass sie kein Ja mehr zu ihrem Dasein als Nonne hatte und wollte das Kloster verlassen. Daher bat sie ihren Vater um Hilfe, der sie jedoch nicht wieder zu Hause aufnahm. Also musste sie nach einer anderen Lösung suchen. Sicherlich bat Katharina in ihrer Verzweiflung auch ihren Herrn und Gott um seinen Beistand.

Gemeinsam mit einigen anderen Nonnen wandte sich Katharina mutig an Martin Luther und bat ihn um Unterstützung. Ein Fluchtplan wurde geschmiedet. Luthers Freund Leonhard Koppe, Bierbrauer in Torgau und Lieferant des Klosters Nimbschen, war bereit zu helfen. In der Osternacht 1523 stand ein großer Planwagen im Klosterhof, in dem sich die fluchtbereiten Nonnen verstecken konnten. Es war ein riskantes Unternehmen: Flucht aus dem Kloster wurde in manchen Teilen Deutschlands sogar mit dem Tod bestraft. Entlaufene Nonnen wurden sozial geächtet, hatten sie doch ihr Gelübde gebrochen. Die Familien wollten sie häufig nicht mehr aufnehmen, da sie davon ausgegangen waren, dass mit dem Eintritt ins Kloster die lebenslange Versorgung ihrer Töchter gesichert wäre. Sie wollten für die jungen Mädchen nun keine Verantwortung mehr übernehmen. So waren die Frauen heimat- und mittellos. Die Entscheidung, das ganze bisherige Leben mit allen Konsequenzen hinter sich zu lassen, aus dem Kloster zu flüchten und den Weg in eine ungewisse Zukunft zu wagen, erforderte eine unglaubliche Charakterstärke und Entschlossenheit. In Psalm 56 fanden die Nonnen Verse, die ihnen in ihrer Unsicherheit Trost boten:

Gott, sei mir gnädig,
denn Menschen stellen mir nach;
täglich bekämpfen und bedrängen sie mich.
Wenn ich mich fürchte, so hoffe ich auf dich.
Täglich fechten sie meine Sache an;
alle ihre Gedanken suchen mir Böses zu tun.
Zähle die Tage meiner Flucht,
sammle meine Tränen in deinen Krug;
ohne Zweifel, du zählst sie.
Auf Gott hoffe ich und fürchte mich nicht;
was können mir Menschen tun?
Ich habe dir, Gott, gelobt,
dass ich dir danken will.
Denn du hast mich vom Tode errettet,
meine Füße vom Gleiten,
dass ich wandeln kann vor Gott
im Licht der Lebendigen.

aus Psalm 56

Das Osterfest 1523 war für die neun entlaufenen Nonnen ein ganz besonderes Ereignis. Den Ostergottesdienst feierten sie in Torgau, bevor sie weiter nach Wittenberg reisten. Dort wurden sie mit großer Freude und Erleichterung empfangen. So kam zu der Osterfreude noch die Freude über die gelungene Flucht und die neu gewonnene Freiheit hinzu.
Martin Luther beschrieb diese Osterfreude in einem seiner Osterlieder so:

Christ lag in Todesbanden,
für unsre Sünd gegeben,
der ist wieder erstanden
und hat uns bracht das Leben.
Des wir sollen fröhlich sein,
Gott loben und dankbar sein
Und singen Halleluja. Halleluja.

So feiern wir das hoh Fest
Mit Herzensfreud und Wonne,
das uns der Herr scheinen lässt.
Er ist selber die Sonne,
der durch seiner Gnaden Glanz

Türme
Nikolaikirche Torgau

erleucht' unsre Herzen ganz;
der Sünden Nacht ist vergangen. Halleluja

Wir essen und leben wohl,
zum süßen Brot geladen;
der alte Sau'rteig nicht soll
sein bei dem Wort der Gnaden.
Christus will die Kost uns sein
und speisen die Seel' allein;
der Glaub will keins andern leben. Halleluja.

EG 101

Nun war Katharina in der Freiheit angekommen. Doch bald kam es zu ersten Schwierigkeiten. Einige Nonnen, die mit ihr geflohen waren, konnten zu ihren Familien zurückkehren, doch dieser Weg blieb ihr verwehrt. Besitz hatte sie keinen. Sie besaß nicht mehr als das Gewand, das sie am Leibe trug. Den Großteil ihres bisherigen Lebens hatte Katharina im Kloster gelebt. Dort war das Leben nach festen Regeln abgelaufen, die andere für sie festgelegt hatten. Freiheit bedeutete nun, dass sie eigene Lebensregeln finden musste und ihr Leben selbst in die Hand nehmen konnte. Als Nonne hatte sie einem sozial sehr angesehenen Stand angehört. Als entflohene Nonne wurde sie nun von vielen verachtet. So war der Neuanfang in Wittenberg nicht einfach.

Zur äußeren Freiheit kam jedoch auch eine innere Freiheit. Bisher war das Leben der jungen Frau von der Frage geprägt gewesen: „Wie kann ich vor Gott Gnade finden?“ Die Angst, dass alle guten Werke, alle Arbeit und Selbstkasteiung vor Gott nicht ausreichen würden, war ihr täglicher Begleiter gewesen. Nun durfte sie erfahren, dass Gottes Gnade ein Geschenk war, unabhängig von ihrer Lebensleistung. Der Gedanke, dass der Tod Christi zur Vergebung ihrer Schuld ausreichte, war revolutionär. Das Wissen, dass allein der Glaube genügt, um Gottes Barmherzigkeit zu erlangen, befreite die entflohenen Nonnen von einem unglaublichen Druck. Erst allmählich konnten die Frauen erfassen, was diese Freiheit für sie bedeutete.

Allein aus Gnade,
ich kann es kaum fassen.
Allein aus Gnade,
hat Gott meine Schuld erlassen.
Alles Kämpfen und Ringen ist vorbei;
was bleibt, ist Dankbarkeit.
Allein aus Gnade bin ich frei.

Schlosskirche Wittenberg

Martin Luther fühlte sich für die Nonnen, deren Flucht er mitorganisiert hatte, verantwortlich. Einige fanden bald einen Ehepartner. Für die übrigen, darunter auch Katharina, wurden Familien gesucht, die sie aufnahmen. Für Katharina wurde ein Platz im Haus des Malers Lukas Cranach dem Älteren gefunden. Die Familie nahm sie liebevoll auf. Barbara Cranach, die Frau von Lukas Cranach, wurde Katharina eine Freundin, die ihr half, die ersten Schritte in ein neues Leben zu wagen.

Im Cranachhaus lernte Katharina von Bora den Studenten und Patriziersohn Hieronymus Baumgärtner kennen und lieben. Auch Hieronymus verliebte sich in in die junge Frau. Sie wollten gerne heiraten. Dies eröffnete Katharina endlich eine neue Perspektive. Alles schien gut zu werden. Auch Martin Luther unterstützte die Beziehung. Doch Hieronymus Baumgärtner brauchte für die Hochzeit die Einwilligung seiner Eltern. Diese waren von einer entlaufenen Nonne als Schwiegertochter wenig begeistert. Sie verweigerten ihre Erlaubnis, und so kam die Heirat nicht zustande. Katharina war zutiefst enttäuscht und litt sehr unter der Zurückweisung.

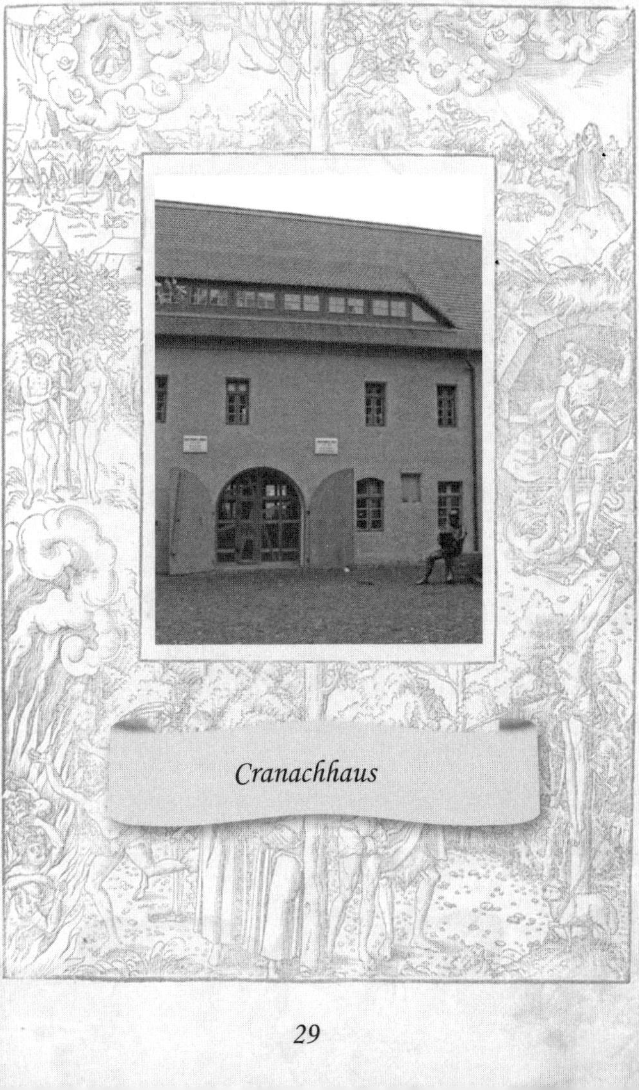

Cranachhaus

So sehr habe ich mich gefreut,
dass ich jemanden gefunden habe,
der mich liebt und den ich liebe.
So sehr habe ich gehofft,
endlich wieder einen Weg
für mein Leben gefunden zu haben.

Nun hat sich meine ganze Hoffnung zerschlagen.
Statt Freude Trauer.
Statt Fülle Leere.
Statt Heimat Einsamkeit.
Statt Liebe Zurückweisung.

„Ich will dich mit meinen Augen leiten",
hat Gott versprochen.
Daran will ich mich halten.
Irgendwo wird Gott auch für mich einen guten
Platz haben.
Dorthin wird er mich leiten.
Darauf vertraue ich.

Tor in den Garten des Cranachhauses

Es erwies sich als schwierig, für Katharina einen passenden Ehemann zu finden, war sie doch mit ihren 26 Jahren inzwischen kein junges Mädchen mehr. Martin Luther hatte sich eifrig um einen Heiratskandidaten für sie bemüht und in dem Pfarrer Kaspar Glatz auch einen geeigneten Anwärter gefunden. Doch Katharina lehnte ihn selbstbewusst ab, mit der Begründung, dass er schon älter sei und sie ihn nicht liebe. Luther reagierte verständnislos. Verärgert fragte er seinen Freund und Kollegen Nikolaus von Amsdorf: „Welcher Teufel will sie denn haben. Mag sie den nicht, so mag sie noch eine Weile auf einen anderen warten."

Bald darauf erfüllte sich Katharinas Wunsch nach einem Ehepartner und einer Familie auf ganz unerwartete Weise. „Den Luther würde ich nehmen", soll Katharina von Bora einmal gesagt haben. Zunächst hatte der Reformator Bedenken, die selbstbewusste, gesprächige Katharina zu heiraten. Bald wurde ihm jedoch klar, wie unglaubwürdig es war, das Zölibat heftig zu kritisieren und selbst unverheiratet zu bleiben. Zudem war er davon überzeugt, ohnehin nicht mehr lange zu leben, da seine Gesundheit angegriffen war. Außerdem war sein Leben durch die vielen Gegner der Reformation immer wieder in Gefahr. So erschien ihm eine Ehe mit Katharina als ein geringes Risiko, und er rang sich dazu durch, sie zu heiraten.

Am 13. Juni 1525 schlossen Katharina und Martin Luther, für ihre Freunde und Bekannten völlig überraschend, den Bund fürs Leben. Dabei hatte Luther seinen Freunden doch nur wenige Tage vor der Hochzeit erklärt: „Mein Sinn ist fern von Heiraten, da ich täglich den Tod und die Strafe des Ketzers erwarte." Später begründete er das überraschende Zustandekommen seiner Ehe in einer Tischrede so: „Gott hat es also gefügt, dass ich mich ihrer erbarmet habe." Für Martin Luther bedeutete diese Ehe ein öffentliches Bekenntnis. Immer wieder hatte er das Zölibat kritisiert und gepredigt, dass die Ehe von Gott gewollt sei. „Was Gott zusammen gefüget, soll kein Mensch scheiden", stand in dem Ehering, den Freunde Martin Luther zur Hochzeit schenkten. An seinen Freund Georg Burkhardt, genannt Spalatin, schrieb der Bräutigam nach seiner Hochzeit: „Ich hoffe, die Engel werden lachen und alle Dämonen weinen. Den Lästerern habe ich das Maul gestopft durch meine Ehe mit Katharina von Bora." Doch gelästert wurde über die spektakuläre, unerwartete Hochzeit trotzdem. Der Humanist Erasmus von Rotterdam verbreitete sogar das Gerücht, Katharina erwarte ein Kind von Luther. Und Katharina? Sie hatte immer wieder angedeutet, dass ihr Martin Luther gefiel, und dass sie ihn gerne heiraten würde. Für sie bedeutete die Hochzeit, dass sie endlich eine Heimat, eine neue Perspektive und Sicherheit für ihr Leben gefunden hatte. Sie war nun die Ehefrau des angesehenen Reformators, Theologen und Gelehrten Martin Luther.

Die öffentliche Hochzeitsfeier mit einem großen Festessen und vielen Gästen fand zwei Wochen nach der Trauung statt. Zur selben Zeit tobte in Deutschland der Bauernkrieg. Selbst Freunde Martin Luthers hatten kein Verständnis dafür, dass diese Feier stattfand, während der Bauernkrieg so viel Leid über die Menschen brachte. Doch Martin und Käthe Luther setzten sich über alle Bedenken hinweg. Zum Fest war auch Hans Luther, der Vater von Martin Luther, eingeladen. Dieser hatte sich einst mit seinem Sohn wegen dessen Berufswahl zerstritten. Die Hochzeitsfeier bot nun einen Rahmen für die Aussöhnung zwischen Vater und Sohn. Martin Luther war darüber sehr glücklich.

Für Martin Luther, der bereits 42 Jahre alt war, war diese Ehe sicher keine Liebesheirat, sondern eher ein Zweckbündnis. Für Katharina hingegen ging ein großer Wunsch in Erfüllung. Für beide jedoch war die Hochzeit der Beginn einer glücklichen Beziehung. Beiden war bewusst, dass dies nicht selbstverständlich war.

Verlöre ich meine Käthe,
ich würde nicht wieder heiraten,
und wenn man mir auch eine Königin
bieten würde

(aus einem Brief Martin Luthers)

Martin Luther

Katharina Luther

Ach, lieber Gott,
die Ehe ist nicht ein natürliches Ding,
sondern Gottes Gabe,
das allersüßeste und lieblichste,
ja keuscheste Leben –
Wenn diese drei Stücke im Ehestand bleiben,
nämlich Treu und Glauben,
Kinder und Leibesfrüchte,
und Sakrament,
dass man's für ein heiliges Ding
und göttlichen Stand hält,
so ist's gar ein seliger Stand.

Martin Luther

Bereits vor seiner Heirat hatte Martin Luther in einem ehemaligen Augustinerkloster, dem sogenannten „Schwarzen Kloster“ in Wittenberg gelebt. Katharina richtete das Klostergebäude, das sehr renovierungsbedürftig war, nun nach ihrem Geschmack wohnlich ein. Die Renovierungsarbeiten dauerten mehrere Jahre, wie aus Handwerkerrechnungen, die bis heute erhalten geblieben sind, ersichtlich ist. Auch den Garten gestaltete Katharina neu. Zum ersten Mal in ihrem Leben konnte sie selbst ihr Heim nach ihren eigenen Vorstellungen gestalten. Und dies tat sie mit viel Freude und Engagement. Das Schwarze Kloster wurde bald zu einem geistlichen und gesellschaftlichen Zentrum in Wittenberg. Katharina hatte nun endlich eine Heimat gefunden.

*„Die höchste Gnade und Gabe Gottes ist,
ein fromm, freundlich und gottesfürchtig
und häuslich Gemahl haben,
mit der du friedlich lebst,
der du darfst all dein Gut und was du hast,
ja dein Leib und Leben vertrauen,
mit der du Kindlein zeugest …*

*Käthe, du hast einen frommen Mann,
der dich lieb hat.
Du bist eine Kaiserin!
Ich danke Gott.
Aber zu einem solchen Stand gehört
eine fromme, gottesfürchtige Person.“*

Martin Luther

Schwarzes Kloster

Als Pfarrfrau und Frau eines Universitätsprofessors richtete Katharina eine Burse ein, eine Art Studentenwohnheim, sowie einen Mittagstisch für Angehörige der Universität. Das Kloster hatte viele Räume, die ehemaligen Mönchszellen. So war genug Platz für die vielen Übernachtungsgäste, die manchmal monate- oder auch jahrelang blieben. Neben den Studenten fanden insbesondere Glaubensflüchtlinge, Witwen oder Waisen, die keine Bleibe mehr hatten, oder auch einfach Suchende, die den berühmten Reformator persönlich kennenlernen wollten, ihren Weg in Katharinas neues Heim. Manche der Nichten und Neffen verbrachten ebenfalls einige Zeit im Schwarzen Kloster und wurden von ihrem Onkel und ihrer Tante erzogen und unterrichtet. Katharina hatte einen großen Haushalt zu führen. Dabei kam ihr vieles, was sie im Kloster einst gelernt hatte, zugute. Zum Schwarzen Kloster gehörten auch Landwirtschaft und Fischerei. Was gegessen wurde, stammte aus eigener Herstellung. Insbesondere das von der Hausherrin gebraute Bier wurde von Martin Luther sehr geschätzt.

Der Hausherr selbst kümmerte sich wenig um die finanziellen Belange der Familie. Die Verwaltungsaufgaben lagen in den Händen der Hausfrau, die in ihrer praktischen, zupackenden Art dafür sorgte, dass die Familie keinen Mangel litt. Um den großen Haushalt finanziell abzusichern, bemühte sich Katharina darum, neues Land zu erwerben.

So wuchs die zu bewirtschaftende Fläche immer weiter. Eine Vielzahl an Mägden und Knechten unterstützten Katharina bei der Erledigung ihrer zahlreichen Aufgaben. „Doktorin, Predigerin, Brauerin, Saumarkterin, Gärtnerin ... und was sie mehr sein kann“, so bezeichnete Martin Luther voller Anerkennung seine Ehefrau, deren Aufgabenbereich sich inzwischen derart ausgedehnt hatte, dass sie gewissermaßen für die Geschäftsführung eines mittelständischen Betriebes zuständig war.

„Frauen soll man loben, es sei wahr oder gelogen“ soll Martin Luther einmal augenzwinkernd gesagt haben. Seine Katharina lobte er gerne, denn sie entsprach in weiten Teilen der „tüchtigen Hausfrau“, wie sie im Buch der Sprüche beschrieben wird:

Wem eine tüchtige Frau beschert ist,
die ist viel edler als die köstlichsten Perlen.
Ihres Mannes Herz darf sich auf sie verlassen,
und Nahrung wird ihm nicht mangeln.
Sie tut ihm Liebes und kein Leid ihr Leben lang.

Sie steht vor Tage auf und gibt Speise
ihrem Hause,
und dem Gesinde, was ihm zukommt.
Sie trachtet nach einem Acker und kauft ihn
und pflanzt einen Weinberg vom Ertrag
ihrer Hände.

Ihr Mann ist bekannt in den Toren,
wenn er sitzt bei den Ältesten des Landes.

Kraft und Würde sind ihr Gewand,
und sie lacht des kommenden Tages.
Sie tut ihren Mund auf mit Weisheit,
und auf ihrer Zunge ist gütige Weisung.

Lieblich und schön sein ist nichts;
Eine Frau, die den Herrn fürchtet,
soll man loben.

aus dem Buch der Sprüche, Kapitel 31

Küche Lutherhaus

Am 7. Juni 1526 erblickte der älteste Sohn Johannes das Licht der Welt. Die Schwangerschaft Katharinas hatte vielen ihrer Kritiker Anlass zum Spott gegeben. Manche, die Anstoß an der Heirat eines ehemaligen Mönches mit einer entlaufenen Nonne genommen hatten, waren der festen Überzeugung, dass aus solch einer Verbindung nur ein Monster entstehen könne. Dieser Aberglaube war weit verbreitet. So sahen die Eltern der Geburt ihres ersten Kindes mit einigen Ängsten entgegen. Als Katharina einen gesunden Sohn zur Welt brachte, war die Freude im Hause Luther groß.

Wer ein Kind sieht,
begegnet Gott auf frischer Tat.

Martin Luther

In den folgenden acht Jahren wuchs die Familie Luther weiter. 1527 wurde die Tochter Elisabeth geboren, 1529 Magdalena, 1531 Martin, 1533 Paul und 1534 die jüngste Tochter Margarethe. Das Ehepaar Luther hatte viel Freude an seiner großen Familie. Nach der Geburt der kleinen Elisabeth betete der Vater dankbar:

Herr Gott, ich danke Dir,
dass Du mich einen armen Bettler auf Erden
hast sein lassen.
Ich habe kein Haus, Besitz oder Geld
zurückzulassen.
Du hast mir eine Ehefrau und Kinder geschenkt,
die vertraue ich dir an.
Ernähre, unterweise und bewahre sie
wie du bisher mich bewahrt hast.
O Du Vater von Kindern und Witwen.

Die Kinder bildeten den Mittelpunkt im Hause Luther und waren immer wieder eine Quelle der Freude. Die Eltern waren sich stets bewusst, wie wichtig für ihre Kinder eine gute Erziehung und Ausbildung war. Die Kindererziehung sollte aber vor allem von Liebe geprägt sein. Dabei kamen Fröhlichkeit und Musik nie zu kurz. Mit solchen modernen Gedanken zum Familienleben waren Katharina und Martin Luther ihrer Zeit weit voraus:

So ist der größte Teil der Eltern leider dazu ungeschickt und weiß nicht, wie man Kinder erziehen und lehren soll. Denn sie haben selbst nichts gelernt außer den Bauch zu versorgen, und es gehören besondere Leute dazu, die Kinder gut und recht lehren sollen.

Martin Luther

Es soll keiner einen für seinen
vertrauten Freund halten,
er habe denn zuvor einen Scheffel Salz
mit ihm gegessen.

Martin Luther

Mit Elisabeth Cruciger, der Frau des Universitätsprofessors Caspar Cruciger, und mit Katharina Jonas, der Frau des Theologen Justus Jonas, verband Katharina Luther eine enge Freundschaft. Waren doch alle drei Frauen im Kloster aufgewachsen und hatten sich später mit den kritischen Gedanken Martin Luthers auseinandergesetzt. Alle drei waren sie aus dem Kloster geflüchtet und hatten inzwischen Theologen geheiratet. Aufgrund der ähnlichen Lebenssituation hatten die Frauen viel Verständnis füreinander, und da sie alle klug und gebildet waren, ergaben sich viele interessante Gespräche. Immer wieder wurden zwischen den drei Familien Briefe ausgetauscht. Diese Freundschaft bedeutete ein großes Geschenk für Katharina und war eine Quelle der Freude für sie.

Gott will, dass wir fröhlich seien,
und hasst die Traurigkeit.
Wenn er nämlich gewollt hätte,
dass wir traurig seien,
hätte er uns nicht die Sonne,
den Mond und die anderen Schätze
der Erde geschenkt.
Dies alles gibt er uns zur Freude.
Sonst hätte er Finsternis geschaffen
und nicht zugelassen,
dass die Sonne immer wieder aufgeht,
oder dass Sommer immer wiederkommt.

Martin Luther

Ausschnitt Reformationsaltar
Wittenberger Stadtkirche

Das Leben an der Seite von Martin Luther war nicht immer einfach. Die Theologie des Reformators war umstritten, und so sah sich das Ehepaar immer wieder Anfeindungen ausgesetzt. Martin Luther selbst schonte sich nicht. Seine vielen Reisen, das üppige Essen und Trinken und die ständige Überarbeitung forderten ihren Tribut. Er hatte häufig mit gesundheitlichen Beschwerden wie Gicht, Nierensteinen, Ohrensausen und Herzbeschwerden zu kämpfen. Zudem wurde er oft von Zweifeln, Anfechtungen und Depressionen geplagt. Katharina versuchte nach Kräften, die Beschwerden ihres Ehemannes zu lindern, ihm zu helfen und ihn zu trösten. Dabei kam ihr zugute, dass sie bereits im Kloster sehr viel über Heilkunst und Kräuter gelernt hatte.

Immer wieder machte Katharina die Erfahrung, dass es nach dunklen Zeiten wieder hell wurde, dass Gott aus tiefer Not herausführte. So konnte sie dankbar beten:

Sei mir gnädig, Gott, sei mir gnädig!
Denn auf dich traut meine Seele,
und unter dem Schatten deiner Flügel
habe ich Zuflucht,
bis das Unglück vorübergehe.
Ich rufe zu Gott, dem Allerhöchsten,
zu Gott, der meine Sache zum guten Ende führt.

Herr, ich will dir danken unter den Völkern,
ich will dir lobsingen unter den Leuten.
Denn deine Güte reicht, so weit der Himmel ist,
und deine Wahrheit, so weit die Wolken gehen.

aus Psalm 57

Stadtkirche Wittenberg

Mehrmals brach in Wittenberg die Pest aus und brachte unermessliches Leid über die Stadt. Viele Menschen, auch Professoren und Studenten der Universität, flohen. Katharina und Martin Luther jedoch blieben in Wittenberg, um den Stadtpfarrer Johannes Bugenhagen zu unterstützen. Sie halfen ihm dabei, Kranke zu pflegen und die leidgeprüften Familien zu trösten. Insbesondere Katharina kümmerte sich aufopferungsvoll um die Schwerkranken, ging von Haus zu Haus, brachte Lebensmittel, wusch die Kranken, machte lindernde Umschläge und brachte Hilfe mit ihren Kräutern. Wieder war ihr Können auf dem Gebiet der Heilkunst und Kräuterlehre, das ihr einst im Kloster vermittelt worden war, ein großer Segen und eine Hilfe für viele Kranke. Doch dieser Dienst an Schwerkranken und Sterbenden brachte Katharina und Martin Luther oft an das Ende ihrer Kräfte.

Nach solch einer schweren Lebensphase entstand 1529 das Lied „Ein feste Burg ist unser Gott".

Ein feste Burg ist unser Gott,
ein gute Wehr und Waffen.
Er hilft uns frei aus aller Not,
die uns jetzt hat betroffen.
Der alt böse Feind,
mit Ernst er's jetzt meint,
groß Macht und viel List
sein grausam Rüstung ist,
auf Erd ist nicht seinsgleichen.

Mit unsrer Macht ist nichts getan,
wir sind gar bald verloren;
es streit für uns der rechte Mann,
den Gott hat selbst erkoren.
Fragst du, wer der ist?
Er heißt Jesus Christ,
der Herr Zebaoth,
und ist kein andrer Gott,
das Feld muss er behalten.

EG 362

Auch als 1539 in Wittenberg wieder die Pest ausbrach, half Katharina so gut sie konnte, um das Leid der Bevölkerung zu lindern. Obwohl sie wieder schwanger war, wollte sie die Leidenden nicht sich selbst überlassen. Doch dieses Mal ging der Einsatz über ihre Kräfte. Zu Beginn des Jahres 1540 erlitt sie eine Fehlgeburt, von der sie sich nur sehr langsam wieder erholte. Die Belastung war einfach zu groß gewesen. Wochenlang konnte sie ihr Krankenlager nicht verlassen, und ihre Familie bangte um ihr Leben. Erst allmählich kam sie wieder zu Kräften.

Martin Luther litt oft unter so großen Zweifeln und Anfechtungen, dass er kaum mehr Energie für seine vielfältigen Aufgaben hatte. Katharina litt mit dem geliebten Ehemann. Um ihm eine ganz besondere Freude zu bereiten und ihn aufzumuntern, soll sie ihm im Jahr 1540 anlässlich seines Geburtstages ein repräsentatives Eingangsportal zum Schwarzen Kloster geschenkt haben. Das sogenannte „Katharinenportal“ (Abbildung Seite 61) ist noch heute in Wittenberg zu sehen.

Auf dem Baldachin über dem rechten Sitz ist die Lutherrose abgebildet. Der Reformator selbst entwarf sie aus seinem Familienwappen. Seiner Ansicht nach versinnbildlichte sie seinen Glauben. In einem Brief schrieb er 1530 dazu:

„Das erste sollte ein Kreuz sein: schwarz im Herzen, das seine natürliche Farbe hätte, damit ich mir selbst Erinnerung gäbe, dass der Glaube an den Gekreuzigten uns selig machet. Denn so man von Herzen glaubt, wird man gerecht. Solch ein Herz aber soll mitten in einer weißen Rose stehen, anzuzeigen, dass der Glaube Freude, Trost und Friede gibt. Darum soll die Rose weiß und nicht rot sein; denn weiße Farbe ist der Geister und aller Engel Farbe. Solche Rose steht im himmelfarbenen Felde, dass solche Freude im Geist und Glauben ein Anfang ist der himmlischen Freude zukünftig. Und um solch Feld einen goldenen Ring, dass solch Seligkeit im Himmel ewig währet und kein Ende hat und auch köstlich über alle Freude und Güter, wie das Gold das höchste, edelste und köstlichste Erz ist."

Die Schrift um die Rose lautet: Vivit – er lebt.

Die Realität des Todes, der grausam Menschen mitten aus dem Leben reißt, musste auch die Familie Luther leidvoll erfahren. Die älteste Tochter Elisabeth wurde nur acht Monate alt. 1535 verstarb Katharinas Freundin Elisabeth Cruciger, 1542 ihre Freundin Katharina Jonas. Die 1529 geborene Tochter Magdalena mussten die Eltern im Alter von 13 Jahren zu Grabe tragen. Ihre Trauer über den Verlust der Töchter war unermesslich. Allein dass sie die Verstorbenen in Gottes Vaterhänden geborgen wussten, tröstete die Eltern.

Jahre später fasste der Dichter Ludwig Uhland seine Gedanken zum Tod eines Kindes in folgende Worte:

Du kamst,
du gingst
mit leiser Spur,
ein flücht'ger Gast im Erdenland.
Woher? Wohin?
Wir wissen nur:
Aus Gottes Hand in Gottes Hand.

Katharinenportal

Katharina blieb oft allein mit dem großen Haushalt und der vielen Verantwortung in Wittenberg zurück, weil Martin Luther immer wieder auf längeren Reisen war. Da ihrem Mann stets bewusst war, dass er Feinde hatte, die ihm nach dem Leben trachteten, verfasste er 1542 ein Testament. Darin brachte er einmal mehr seine Wertschätzung gegen über seiner Frau zum Ausdruck, indem er sie als Alleinerbin und Vormund seiner Kinder einsetzte. Er versprach: „Dich, Käthe, setze ich zur Universalerbin ein. Du hast die Kinder getragen und ihnen die Brust gereicht, Du wirst ihre Sache nicht zu ihrem Nachteil führen.“ Eine Verfügung, die zu dieser Zeit sehr ungewöhnlich war, und die zeigt, wie liebevoll und verantwortungsbewusst er für seine Ehefrau sorgte. Längst war aus der Zweckgemeinschaft, als die Martin Luther die Verbindung mit Katharina von Bora zu Beginn gesehen hatte, eine Ehe geworden, die geprägt war von einer großen gegenseitigen Liebe und Zuneigung. So sagte er einmal über seine Ehefrau, er achte sie teurer denn das Königreich Frankreich und der Venediger Herrschaft, denn ihm sei ein frommes Weib von Gott geschenkt und gegeben, wie er auch ihr.

Am 6. Februar schrieb Martin Luther einen seiner letzten Briefe an Katharina. Darin versucht er sie aufzumuntern, da sie stets sehr besorgt war, wenn ihr Mann unterwegs war:

Meiner lieben Hausfrauen Katharina Lutherin, Doktorin, Saumärkterin zu Wittenberg, meiner gnädigen Frauen zu Händen und Füßen.

Gnad und Friede im Herrn! Lies Du, liebe Käthe, das Johannesevangelium und den kleinen Katechismus, davon Du zudem einmal sagtest: Es ist doch alles in dem Buch von mir gesagt.

Denn Du willst sorgen für Deinen Gott grade, als wäre er nicht allmächtig, der da könnte zehn Doktor Martinus schaffen, wo der eine alte ersöffe in der Saale oder im Ofenloch oder auf Wolfes Vogelherd. Lass mich zufrieden mit deiner Sorge, ich habe einen besseren Sorger als Du und alle Engel. Der liegt in der Krippe und hängt an einer Jungfrauen Zitzen, aber sitzet gleichwohl zur rechten Hand Gottes, des allmächtigen Vaters. Darum sei zufrieden, Amen."

1546 begab sich Martin Luther wieder einmal auf Reisen. Die Mansfelder Grafen hatten ihn gebeten, nach Eisleben zu kommen, um ihnen bei der Schlichtung ihres Streites um ihr Erbe zu helfen. Es sollte die letzte Reise des Reformators werden. Bereits auf der Hinfahrt fühlte er sich unwohl. In Eisleben quälten ihn starke Atembeschwerden. Der Arzt, der schnell gerufen wurde, konnte nicht mehr helfen. So starb Martin Luther am 18. Februar 1546 in Eisleben im Alter von 63 Jahren.

Katharina war untröstlich. Sie drückte ihre tiefe Trauer in einem der wenigen von ihr erhaltenen Briefe gegenüber ihrer Schwägerin Christina, der Ehefrau von Hans von Bora, so aus:

Freundliche, liebe Schwester!
Dass ihr ein herzliches Mitleiden mit mir und meinen armen Kindern tragt, glaub ich leichtlich. Denn wer wollte nicht billig betrübt und bekümmert sein um einen solchen teuren Mann, als mein lieber Herr gewesen ist, der nicht allein einer Stadt oder einem einzigen Land, sondern der ganzen Welt viel gedienet hat. Der halben ich

wahrlich so sehr betrübt bin, dass ich mein großes Herzeleid keinem Menschen sagen kann, und weiß nicht, wie mir zu Sinn und zu Mut ist. Ich kann weder essen noch trinken, auch dazu nicht schlafen. Und wenn ich hätt ein Fürstentum und Kaisertum gehabt, sollt mir ein so Leid nimmer geschehen sein, so ich's verloren hätt, als nun unser lieber Herrgott mir, und nicht allein mir, sondern der ganzen Welt, diesen lieben und teuren Mann genommen hat. Wenn ich daran gedenk, so kann ich vor Leid und Weinen, das Gott wohl weiß, weder reden noch schreiben.

Katharina,
des Herrn Doctor Martinus Luther gelassenen Witfrau

Am 22. Februar 1546 wurde Martin Luther in der Schlosskirche von Wittenberg unter großer Anteilnahme der Bevölkerung und der Professoren der Universität beigesetzt.

Grab
Martin Luthers

Nun legen wir den Leib ins Grab
und zweifeln nicht: durch Gottes Gab wird,
was wir hier verweslich sä'n,
einst unverweslich auferstehn.

Das hilf uns Christus, unser Trost,
der uns durch sein Blut hat erlöst
von Satans Macht und ewger Pein.
Ihm sei Lob, Preis und Ehr allein.

Michael Weiße/Martin Luther
EG 520

Nun war Katharina allein. Laut Gesetz mussten trotz des gegenteiligen Wunsches im Testament ihres Mannes Vormünder eingesetzt werden, und das nicht nur für die Kinder. Auch Katharina erhielt Vormünder, unter ihnen Hans von Bora, Philipp Melanchthon und Caspar Cruciger. Mit ihnen musste sie alle wichtigen Entscheidungen, vor allem auch was die Ausbildung der Kinder betraf, abklären. Katharina fiel dies sehr schwer, war sie doch stets eine selbstbewusste, starke Frau gewesen, die von ihrem Mann in ihren Entscheidungen respektiert worden war. Nicht immer war sie mit den Vormündern einer Meinung, wiederholt musste sie sich im Interesse der Kinder und in ihrem eigenen Interesse ihnen gegenüber durchsetzen, und es gab viele Auseinandersetzungen. Aber sie erhielt auch Hilfe. Freunde der Familie und selbst der Kurfürst griffen der Witwe unter die Arme.

Bald nach Luthers Tod brach der Schmalkaldische Krieg aus. Er zwang Katharina, mit ihrer Familie aus Wittenberg zu fliehen. Einsam, verwitwet, auf der Flucht ... es war eine schwere Zeit, die Katharina nach dem Tod ihres Eheman-

nes durchstehen musste. Zunächst floh sie nach Magdeburg. 1547 ergab sich die Möglichkeit, nach Wittenberg zurückzukehren. Katharina versuchte an ihren früheren Lebensstil anzuknüpfen und eröffnete noch einmal eine Burse. Studenten und Professoren, die vom Krieg verschont geblieben waren, wurden eingeladen und fanden den Weg ins Schwarze Kloster. Aber das Fehlen des Professors Martinus Luther machte sich überall bemerkbar. Die Atmosphäre hatte sich verändert. Die Gespräche waren nicht mehr dieselben.
1552 brach in Wittenberg wieder einmal die Pest aus. Katharinas ältester Sohn Johannes arbeitete seit einiger Zeit in Weimar in einer Kanzlei und war daher in Sicherheit, und auch ihr Sohn Martin war vor der Pest sicher. Zwar studierte er an der Wittenberger Universität, doch diese war bereits Anfang Juli aufgrund der Pestepidemie nach Torgau umgezogen. Mit ihren beiden jüngsten Kindern floh Katharina im September nun ebenfalls aus der verseuchten Stadt.
Auf der Flucht scheuten die Pferde, und sie verletzte sich schwer. Ihr Hüftgelenk war gebrochen.

Unter großen Schmerzen traf Katharina in Torgau ein. Dort wurde sie von ihrer Tochter gepflegt. Wochen des Leidens und der Schmerzen folgten. Katharina hatte nun keine Kraft, keinen Lebenswillen mehr. Ihre Tochter hörte sie einmal beten:

„Käme Christus jetzt und hier vorbei,
ich hängte mich wie eine Klette an sein Kleid.
Hilf mir, Herr Jesus!"

Am 20. Dezember 1552 starb Katharina Luther in Torgau und wurde dort in der Stadtkirche beigesetzt. Sie wurde 53 Jahre alt. Nun hatten alle Schmerzen ein Ende. Sie durfte sehen, was sie während ihres irdischen Lebens geglaubt und was ihr Leben geprägt hatte:

Ist Gott für uns, wer kann wider uns sein?
Der auch seinen eigenen Sohn nicht verschont hat,
sondern hat ihn für uns alle dahingegeben –
wie sollte er uns mit ihm nicht alles schenken?

Grabplatte
Katharina von Bora

Wer will verdammen?
Christus Jesus ist hier, der gestorben ist,
ja vielmehr, der auch auferweckt ist,
der zur Rechten Gottes ist und uns vertritt.
Wer will uns scheiden von der Liebe Christi?

Denn ich bin gewiss, dass weder Tod noch Leben,
weder Engel noch Mächte noch Gewalten,
weder Gegenwärtiges noch Zukünftiges,
weder Hohes noch Tiefes noch eine andere Kreatur
uns scheiden kann von der Liebe Gottes,
die in Christus Jesus ist, unserem Herrn.

aus Römer 8

1617 ließ der Wittenberger Professor Balthasar Mentzius eine Grabinschrift drucken, die das Leben von Katharina würdigte:

Cathrin von Bora bin ich genannt
geboren in dem Meissner Land
aus einem alten edlen Stamm
wie solch mein Ahnherren zeigen an,

als ich aufwuchs zu Jahren kam
der Tugend mich tät nehmen an
und jedermann betöret war
vom Papst und seiner Mönche Lehr
und hoch erhoben den Nonnen Stand
ward ich ins Kloster Nimbschen gesandt.
Mein Ehr und Amt hat ich in Acht
rief zu Gott, betete Tag und Nacht,
für die Wohlfahrt der Christenheit.
Gott mich erhört und auch erfreut,
Doktor Luther den kühnen Held
mir zu einem Ehemann auserwählt,
dem ich im keuschen Eh'stand mein
gebahr drei Söhn und Töchterlein.
Im Witwenstand lebt sieben Jahr
nachdem mein Herr gestorben war.
Zu Torgau in der schönen Stadt
man meinen Leib begraben hat;
bis Gottes Posaunen tun ergehn
und alle Menschen heißt auferstehn;
Alsdann will ich mit meinem Herrn
Gott ewig loben, rühmen, ehrn
und mit der auserwählten Schar
in Freuden leben immerdar.

Das Leben von Katharina war wie das eines jeden Menschen geprägt von der Zeit, in die sie hineingeboren wurde. Nicht nur Katastrophen wie Pest und Krieg, sondern auch gesetzliche und gesellschaftliche Regelungen beeinflussten in hohem Maße ihr Leben.
Immer wieder brach Katharina mit Konventionen und gestaltete ihr Leben so, wie sie es für richtig befand. Ihr Verhalten rief oft Unverständnis hervor und sie stieß häufig auf Ablehnung und Kritik. Dabei war ihr in erster Linie Gottes Wort der geltende Maßstab. Die Bibel war für sie nicht nur Ratgeber, sondern auch Kraft- und Trostquelle. Sie wusste sich in guten wie in schlechten Zeiten von Gott getragen und angenommen.
So konnte sie Psalm 31 aus tiefster Überzeugung mit dem Psalmisten mitbeten.

Herr, auf dich traue ich,
lass mich nimmermehr zuschanden werden,
errette mich durch deine Gerechtigkeit!
Neige deine Ohren zu mir, hilf mir eilends!
Sei mir ein starker Fels und eine Burg,
dass du mir helfest!
Denn du bist mein Fels und meine Burg,
und um deines Namens willen wollest du mich
leiten und führen.

Wie groß ist deine Güte, Herr, die du bewahrt hast
denen,
die dich fürchten, und erweisest vor
den Leuten denen,
die auf dich trauen!

Gelobt sei der Herr,
denn er hat seine wunderbare Güte mir erwiesen in
einer festen Stadt.

Quellenverzeichnis

- Haase, Lisbeth: *Katharina von Bora.* Luthers Morgenstern zu Wittenberg. Christliches Verlagshaus. Stuttgart 1999
- Jäckel, Karin: *Die Frau des Reformators*. Das Leben der Katharina von Bora. Rowohlt. Reinbek 2006
- Klepper, Jochen: *Die Flucht der Katharina von Bora*, Hrsg. v. Georg Pagel. Deutsche Verlags-Anstalt. Stuttgart 1962
- Luther, Martin: *Und machet die Leut fröhlich.* Regeln für alle Tage des Lebens. Hrsg. v. Peter Herwig. Herwig Verlag. Göppingen 1983
- Scheib, Asta: *Kinder des Ungehorsams*. Die Liebesgeschichte des Martin Luther und der Katharina von Bora. Deutscher Taschenbuch Verlag. München 1996
- Thoma, D. Albrecht: *Katharina von Bora.* Geschichtliches Lebensbild. Verlag Georg Reimer. Berlin 1900
- Treu, Martin: *Katharina von Bora.* Drei-Kastanien-Verlag. Wittenberg 1995
- *Luthers Lebensweisheiten.* Manfred Pawlak Verlag. Hersching [1900]

Ein weiteres Buch von Elisabeth Stiefel

Sie waren Sand im Getriebe
Frauen im Widerstand
ISBN 978-3-86827-493-6
128 Seiten, gebunden

Dieses Buch porträtiert bekannte und weniger bekannte Frauen des Widerstandes gegen das Nazi-Regime. Faszinierende Frauen, die es wagten, während der Nazidiktatur kritische Fragen zu stellen. Frauen, die sich mutig für die Rechte verfolgter Minderheiten einsetzten. Aber auch „stille Heldinnen“, die im Verborgenen wirkten und jüdische Mitbürger unter Einsatz ihres eigenen Lebens versteckten. Neben der Philosophin Edith Stein und der Widerstandskämpferin Corrie ten Boom porträtiert Elisabeth Stiefel die Lehrerin Elisabeth von Thadden, die Juden bei der Flucht ins Ausland half. Die Theologin Katharina Staritz setzte sich für jüdische Christen ein. Pfarrfrauen wie Elisabeth Goes, Gertrud Mörike und Johanna Stöffler nahmen in ihren Häusern Juden und andere Verfolgte auf. Gemeinsam war ihnen allen die Verankerung im christlichen Glauben, die ihr mutiges Handeln erst ermöglichte.

Wenn Ihnen „Mein Herr Käthe gefallen hat, werden Sie auch die folgenden Titel interessieren

Juliane von Krüdener
Juliane von Krüdener
Eine Baronin missioniert Europa
ISBN 978-3-86827-468-4
400 Seiten, gebunden

Die hochgebildete, deutschbaltische Botschaftergattin Juliane von Krüdener (1764-1824) versetzte mit ihrem missionarischen Wirken halb Europa in Aufruhr: Durch ihre Botschaft, ihren Einfluss auf die europäische Politik als Vertraute von Zar Alexander I. sowie als Sozialreformerin von West- bis Osteuropa.

Tauchen Sie ein in die Zeit der französischen Revolution. Entdecken Sie die vergessene Geschichte einer einflussreichen Schriftstellerin und Salondame, die die vorherrschenden Schranken durchbrach und im Auftrag Gottes mutige Wege beschritt.

Anhand neuester Forschungsergebnisse dokumentiert diese Biografie das Leben einer faszinierenden Zeitgenossin von Napoleon, Goethe und Pestalozzi, die durch einen Herrnhuter zum lebendigen Glauben an Jesus Christus fand, und gibt ihr zum 250. Geburtstag ihren Platz in der Geschichte zurück.

Georg Gremels
Ein Mensch namens Luther
Vom Geheimnis der Wandlung
ISBN 978-3-86827-567-4
320 Seiten, kartoniert

Wittenberg, den 31.10.1517: Mit seinem Thesenanschlag stößt der Mönch Martin Luther das Tor zur Freiheit auf. Gefangen im Gefüge mittelalterlicher Frömmigkeit, lassen ihn dumpfe Unterwerfung und verzweifelter Gehorsam auf dem Weg zu Gott scheitern. Da entdeckt er, wie Gott sich umgekehrt auf den Weg zu ihm macht: Ihm glauben, seine Liebe annehmen – das ist der neue Weg evangelischer, fröhlicher Freiheit. Luthers lebendige Gotteserfahrung setzt in ihm ungeahnte Energien frei, die sein ganzes Leben verwandeln.

In Briefen an einen kritischen Zeitgenossen macht der Theologe und Naturwissenschaftler Dr. Georg Gremels seine Leser mit der kraftvollen Spiritualität Luthers bekannt. Denn er ist davon überzeugt: Im Siegeszug der Befreiungen, die Luthers Durchbruch folgten, gerät der neuzeitliche Mensch in Gefahr, sich sogar von Gott zu befreien. Wie man Gott als Kraftquelle und verwandelnde Wirklichkeit in sich entdecken kann, buchstabiert Gremels in diesem Buch durch: Eine unverzichtbare Lektüre für alle, die sich nicht vor kritischen Fragen scheuen.

Emmy Kraetke-Rumpf
Die Ärztin aus Quedlinburg
Das Leben der Dorothea von Erxleben
ISBN 978-3-86122-006-0
206 Seiten, Paperback

„Die Bemühung, den Verstand zu schärfen, deutlich und gründlich zu denken, kann der Ausübung der häuslichen Verrichtungen nicht nachteilig sein, ja es ist eine studierende Frau desto geschickter, die Pflichten einer guten Hauswirtin und Ehegattin zu erfüllen, je gelehrter sie ist ..."

Wer ahnt heute noch den Sprengstoff, den diese Worte für die Zeit bedeuteten, in der sie geschrieben wurden? Doch ihre Verfasserin, Dorothea Christiane Erxleben, beließ es nicht bei Worten. Alles andere als ein verbiesterter Blaustrumpf, promovierte die hübsche Quedlinburgerin im Jahr 1754 als erste Frau in Deutschland zum Doktor. Die Ärztin, Mutter und Pfarrfrau lebte ihre dreifache Berufung bis zur letzten Konsequenz ...

Lassen Sie sich berühren vom kräftigen Farbenspiel eines Lebensbildes, das Licht und Schatten, Tragik und Triumphe einer Epoche größter Umwälzungen widerspiegelt.